13 Décembre 1907 V

AF620355

SUCCESSION

DE

M. LÉON GAUCHEZ

Ancien Directeur de l'ART

LIVRES

SUR LES

BEAUX-ARTS

PARIS — 1907

CATALOGUE

DES

LIVRES SUR LES BEAUX-ARTS

COLLECTION IMPORTANTE

De Catalogues du XVIIIe siècle, de Ventes de Tableaux et Objets d'Art

PROVENANT

DE LA

Succession de M. LÉON GAUCHEZ

Ancien Directeur de l'ART

ET DONT LA VENTE AURA LIEU A PARIS

HOTEL DROUOT, Salle N° 7

LE VENDREDI 13 DÉCEMBRE 1907, à 2 heures précises

COMMISSAIRES-PRISEURS

Me F. LAIR-DUBREUIL
6, rue Favart
PARIS

Me HENRI BERNIER
Administrateur de l'étude de feu Me P. CHEVALLIER
10, rue Grange-Batelière

EXPERT

M. A. DUREL, Libraire, 21, rue de l'Ancienne-Comédie

CONDITIONS DE LA VENTE

Elle sera faite au comptant.

Les adjudicataires paieront *dix pour cent* en sus des enchères.

Paris. — Imp. de l'Art, Ch. Berger et Cie, 41, rue de la Victoire.

DÉSIGNATION

LIVRES

SUR LES BEAUX-ARTS

1 — **Anacréon**, Sapho, Bion et Moschus, traduction nouvelle en prose, suivie de la Veillée des Fêtes de Vénus et d'un choix de pièces de différents conteurs, par M. M*** C*** (Moutonnet de Clairfond). *A Paphos, et se trouve à Paris, chez Le Boucher*, 1773. Gr. in-8, fig., mar. bleu, dos orné, fil., tr. dor. (*Rel. anglaise*.

Une figure-frontispice par Eisen, gravée par Massard, douze vignettes et treize culs-de-lampe par Eisen, gravés par Massard.

Cachet sur le titre de la Bibliothèque de Jos. Benoit Willems.

2 — **Art** (L'), revue bi-mensuelle illustrée, de l'origine 1875 à 1906. 65 vol. in-fol. et in-4, eaux-fortes et figures sur bois, demi-rel.

3 — **Album de l'Art**; 1877. In-fol., demi-rel., dos et coins de vél. blanc.

Suite de cinquante et une eaux-fortes, épreuves sur Chine, avant la lettre.

4 — **Basan**. Recueil d'estampes gravées d'après les

tableaux du cabinet de monseigneur le duc de Choiseul, par les soins du sieur Basan, 1771. *A Paris, chez l'auteur, rue et Hôtel Serpente.* In-4, fig., demi-rel., dos et coins de chag. La Vallière, dos orné, tr. marb.

Un titre par Choffard, une dédicace gravée, un portrait du duc de Choiseul, non signé, une description des tableaux en douze pages gravées et cent vingt-huit planches.

Les numéros 68, 69, 76, 78 et 101 se répètent ; ces doubles étant marqués d'une étoile, le numérotage ne va que jusqu'à 123.

Tirage postérieur.

5 — **Basan.** Collection de cent vingt estampes gravées d'après les tableaux et dessins qui composoient le cabinet de M. Poullain, receveur général des domaines du Roi, décédé en 1780, etc., exécutées sous la direction du sieur Fr. Basan, graveur, etc. Le sieur Moitte, peintre, en avait fait les dessins d'après les tableaux avant la mort de ce célèbre amateur. *Paris, Basan et Poignant*, 1781. In-4, demi-rel., dos et coins de cuir de Russie, dos orné, non rogné.

Tirage postérieur.

6 — **Bellier de la Chavignerie** (Emile) et Louis **Auvray.** Dictionnaire général des Artistes de l'Ecole française, depuis l'origine des arts du dessin jusqu'à nos jours. Architectes, Peintres, Sculpteurs, Graveurs et Lithographes. *Paris, Renouard, H. Loones, succ*r, 1882-1887. 3 vol. gr. in-8 à 2 col. y compris le Supplément, demi-rel. chag. noir, tête dor., non rog. (*Manque le titre du Supplément.*)

7 — **Bizot** (P.). Histoire métallique de la République de Hollande. *Paris, Dan. Horthemels*, 1687. In-fol., fig., vélin. (*Rel. anc.*)

8 — **Bryan** (Michael). Dictionary of Painters and Engravers, biographical and critical, by Michael Bryan, new edition, revised and enlarged, edited by Robert Edmund Graves, B. A., of the British Museum. *London, G. Bell and Sons*, 1886-1889. 2 vol., gr. in-8 à 2 col., cart. toile, non rog.

Envoi autographe à M. Léon Gauchez.

CATALOGUES ANCIENS

TABLEAUX — OBJETS D'ART — CURIOSITÉS

(Ces Catalogues proviennent presque tous de la Collection Reiset).

9 — **Aumont** (Duc d'). Catalogue des vases, colonnes, tables de marbres rares, figures de bronze, porcelaines de choix..., bijoux et autres effets importants qui composent le cabinet de feu M. le duc d'Aumont, par P.-F. Julliot fils et A.-J. Paillet. Le 12 décembre 1782 et jours suivants. In-8, planches, veau, marbre ant.

Prix d'adjudication à l'encre.

10 — **Brunoy** (Marquis de). Catalogue d'une magnifique collection de tableaux des plus grands maîtres des trois écoles, de mignatures, de sculptures..., provenant de la succession d'un célèbre amateur (Marquis de Brunoy). 2 décembre 1776 et jours suivants. F.-C. Joullain fils, expert. In-8, demi-rel., dos et coins de mar. vert foncé, tête dor.

Prix d'adjudication à l'encre.

11 — **Bruun-Neergaard**. Catalogue raisonné de gouaches et de dessins, du cabinet de M. Bruun-Neergaard, par F.-L. Regnault-Delalande, peintre et graveur. 29 août 1814 et jours suivants. In-8, demi-rel., bas. ant.

12 — **Burgraaff**. Catalogue de tableaux précieux des écoles flamande, hollandaise, allemande et française,

formant le cabinet de M. Burgraaff, Hollandais..., par J.-B.-P. Lebrun. 18 et 19 octobre 1811. Pet. in-8, cartonné.

Prix et noms des acquéreurs au crayon.

13 — **Cailar**. Catalogue d'une belle collectio. de tableaux, des trois écoles, etc..., rédigé par M. Lebrun, peintre. Le mardi 2 mai et jours suivants, 1809. In-8, demi-rel., mar. violet.

Prix d'adjudication à l'encre.

14 — **Calonne** (De). Catalogue d'une très belle collection de tableaux d'Italie, de Flandre, de Hollande et de France : dessins, terres cuites, etc., provenant du cabinet de M***. Le lundi 21 avril 1788 et jours suivants. In-8, demi-rel., dos et coins de mar. bleu.

15 — **Calonne** (De). A Catalogue of all that noble and superlatively capital assemblage of valuable pictures, drawings, miniatures and prints the property of the right hon. Charles-Alexander de Calonne, late prime minister of France... *Londres*, 23 mars 1795 et les cinq jours suivants. Skinner and Dike. In-4, mar. rouge, dos orné, fil. à la Du Seuil, tr. dor. (*David*.

Prix d'adjudication à l'encre.

16 — **Carignan**. Catalogue des tableaux du cabinet de feu S. A. S. Mgr le prince de Carignan, premier prince du sang de Sardaigne, 1742. In-8, demi-rel., dos et coins de mar. rouge.

Prix et quelques noms des acquéreurs à l'encre.

17 — **Carrier** (Alliance des Arts). Catalogue de tableaux des grands maîtres flamands, hollandais, italiens, espagnols et français, composant le cabinet de

M. Carrier, peintre de feu Mgr le duc de Bourbon, prince de Condé; rédigé par T. Thoré. 9 et 10 mars 1846. In-8, demi-rel., mar. vert.

18 — **Cayeux**. Catalogue raisonné des tableaux, bronzes, terres cuites, figures et bustes de plâtre, dessins, estampes de toutes les écoles, qui composent le cabinet de feu M. Cayeux, sculpteur, par Pierre Remy. Le 11 décembre 1769 et jours suivants, puis le lundi 8 janvier 1770 et jours suivants. Pet. in-8, cart., non rog.

Prix et noms des acquéreurs à l'encre.

19 — **Caylus** (De). Catalogue des tableaux, miniatures, etc., du cabinet de M*** (le duc de Caylus), par P. Remy. Le lundi 19 avril 1773. In-12, demi-rel., dos et coins de mar. vert.

Prix d'adjudication à l'encre.

20 — **Choiseul** (Duc de). Catalogue des tableaux qui composent le cabinet de Mgr le duc de Choiseul. Lundi 6 avril 1772, par J.-F. Boileau. Pet. in-8, veau fauve.

Prix et noms des acquéreurs à l'encre.

21 — **Choiseul** (Duc de). Notice des objets curieux dépendant de la succession de feu M. le duc de Choiseul. Le lundi 18 décembre 1786. In-8, demi-rel., dos et coins de mar. rouge.

22 — **Choiseul** (Mgr de). Catalogue de tableaux de Rubens, Van Dyck, Teniers, Pierre Neef et autres maitres; miniatures, estampes... après le décès de Mgr Léopold-Charles de Choiseul, archevêque, duc de Cambray... 23 janvier 1775. P. Remy, expert. In-12, cartonné.

23 — **Choiseul-Praslin**. Catalogue de tableaux précieux des écoles d'Italie, de Flandre, de Hollande et de France... bustes en marbre... riches meubles de marqueterie, par Boulle, et en vieux laque... composant le cabinet de feu M. de Choiseul-Praslin, par A.-J. Paillet, peintre : 9 mai 1808 et le jour suivant. Copie manuscrite. In-12, dem.-rel., dos et coins de mar. La Vallière foncé, tête d'or.

Prix d'adjudication.

24 — **Coclers et D*****. Catalogue de tableaux précieux des trois écoles, dessins montés et en feuilles, estampes, figures et bustes de marbre et de bronze, pendules, porcelaines du Japon et de la Chine..., provenant des cabinets de M. Coclers et de M. D***. 9 février 1789 et jours suivants. Lebrun l'aîné, expert. Pet. in-8, cartonné.

Prix et noms des acquéreurs à l'encre.

25 — **Conti** (Prince de). Catalogue d'une riche collection de tableaux des maîtres les plus célèbres des trois écoles ; dessins aussi des plus grands maîtres ; bronzes, marbres, terres cuites, pierres gravées, pendules, etc., qui composent le cabinet de feu Son Altesse Sérénissime, Mgr le prince de Conti. Le mardi 8 avril 1777. In-12, front. gr., veau antique.

Prix et noms des acquéreurs à l'encre.

26 — **Conti** (Prince de). Catalogue d'une collection précieuse de tableaux et dessins des meilleurs maitres des trois écoles, bronzes, marbres, terres cuites et autres objets précieux. Lundi 15 et jours suivants du mois de mars 1779. In-8, demi-rel, dos et coins de mar. bleu, tête dor.

Prix et noms des acquéreurs à l'encre.

27 — **Cossé** (De) Catalogue d'une belle collection de tableaux originaux des trois écoles, pastels, gouaches, etc., provenant du cabinet de feue Madame *** (de Cossé), par J.-B.-P. Le Brun, peintre. Mercredi 11 novembre 1778 et jours suivants. In-8, demi-rel., dos et coins de mar. vert clair, tête dor.

Quelques prix et noms des acquéreurs à l'encre.

28 — **Cosway** (Richard). A Catalogue of the entire collection of pictures of Richard Cosway, esq. R. A. principal painter to his Royal Highness the Prince of Wales, in the Great Saloon, and eight other apartments of his house in Pall Mall... (*Londres*), 1791. Frontispice gravé. In-4, demi-rel., dos et coins de mar. rouge.

29 — **Cotin.** Catalogue d'un cabinet de diverses curiosités, etc... le tout réuni par M. Cotin. Le lundi 27 novembre 1752 et jours suivants. In-8, demi-rel., dos et coins de mar. rouge.

Prix et noms des acquéreurs à l'encre.

30 — **Couvents supprimés.** Catalogue d'une collection de tableaux de plusieurs grands maîtres, tels que Rubens, Van Dyck, Jordans... provenant des maisons religieuses supprimées aux Pays-Bas. 12 septembre 1785 et jours suivants (*Bruxelles*). In-4, demi-rel., dos et coins de mar. vert foncé.

31 — **Crozat.** Description sommaire des dessins des grands maîtres d'Italie, des Pays-Bas et de France, du cabinet de feu M. Crozat. Avec des réflexions sur la manière de dessiner des principaux peintres, par P.-J. Mariette, 1741. In-8, mar. rouge.

Prix et noms des acquéreurs à l'encre.

32 — **Crozat.** Description sommaire des statues, figures, bustes, vases, provenant du cabinet de feu M. Crozat..., 14 décembre 1750 et jours suivants. In-8, demi-rel., dos et coins de mar. rouge.

Quelques prix d'adjudication à l'encre.

33 — **Crozat** et de **Tugny**. Catalogue des tableaux et sculptures, tant en bronze qu'en marbre, du cabinet de feu M. le président de Tugny et de celui de M. Crozat. Juin 1751. In-8, demi-rel, dos et coins de mar. rouge.

Prix et noms des acquéreurs à l'encre.

34 — **Crozat** (Baron de Thiers). Catalogue des estampes, vases, figurines, etc., du cabinet de feu M. Crozat, baron de Thiers, par P. Rémy, 1771. Février 1772. In-12, demi-rel., dos et coins de mar. rouge.

Prix et noms des acquéreurs à l'encre.

35 — **Fonthill Abbey** (M. Beckford). A Catalogue raisonné of the collection of paintings at Fonthill Abbey. *London*, 1823. In-8. demi-rel., dos et coins de mar. rouge.

Prix d'adjudication à l'encre.

36 — **Gagny** (Gaillard de). Catalogue raisonné des tableaux, porcelaines, bijoux et autres effets du cabinet de feu Gaillard de Gagny, receveur général des finances à Grenoble. 29 mars 1762. In-12, front. gr., demi-rel., dos et coins de mar. rouge.

Prix de l'adjudication à l'encre.

37 — **Gaignat.** Catalogue raisonné des tableaux, groupes et figures de bronze qui composent le cabinet de feu M. Gaignat, par Pierre Rémy, et celui des porce-

laines, meubles et bijoux, par Ch. Poirier, marchand, 1768. In-12, frontispice, demi-rel., dos et coins de mar. bleu. tête dor., non rog.

Prix et noms des acquéreurs à l'encre pour le Catalogue des tableaux.

38 — **Gersaint**. Catalogue des livres, tableaux, estampes et dessins de feu M. Gersaint. Lundi 25 mai 1750 et jours suivants. In-8, cartonné.

Prix d'adjudication à l'encre.

39 — **Godefroy**. Catalogue raisonné des tableaux, diamants, bagues, bijoux et autres effets, provenant de la succession de feu M. Charles Godefroy, banquier et joaillier, par E.-F. Gersaint. Le lundi de la Quasimodo, 22 avril 1748. In-12, veau brun. tr. dor.

Prix d'adjudication à l'encre.

40 — **Gramont** (Duc de). Catalogue de tableaux originaux de maîtres renommés des écoles d'Italie, des Pays-Bas et de France, qui composent le cabinet d'un amateur, par Pierre Rémy. 16 janvier 1775. In-12, demi-rel. mar. rouge.

Prix et noms des acquéreurs à l'encre.

41 — **Greuze**. Catalogue de tableaux et dessins de Greuze, provenant de la succession de sa fille, Mlle Caroline Greuze, rédigé par T. Thoré, l'un des directeurs de l'Alliance des Arts. 25 et 26 janvier 1843. In-8, demi-rel., mar. rouge foncé.

42 — **Guffleer** (De). Catalogue de tableaux précieux des trois écoles qui composaient le cabinet de feu M. de Gueffier, par A.-J. Paillet. 1er mars 1791 et jours suivants. In-8, demi-rel., dos et coins de mar. bleu, tête dor.

Prix d'adjudication à l'encre.

43 — **Heinecken** (Baron de) et autres. Catalogue raisonné de tableaux, dessins et estampes des meilleurs maîtres d'Italie, des Pays-Bas, d'Allemagne, d'Angleterre et de France, qui composent différents cabinets (Baron de Heinecken et autres...), par Pierre Remy, 12 décembre 1757 et 13 février 1758. In-12, front. gr., demi-rel., dos et coins de bas.

44 — **Hendrik** (Graaf Jan). Catalogus van de Wydvermearde en alom bekende Kabinetten met rariteiten en Kotsbaarheeden... porcelynen... schilderyen... nagelaten by Wylen den Hoog Edele gebooren Herr Jan Hendrik... *Amsterdam*, 25 octobre 1769 et jours suivants. J. Posthumus, J. Lambert, J. Lambert de Jorje, P. Posthumus, exp. Pet. in-8, demi-rel., dos et coins de mar. noir.

Prix et noms des acquéreurs à l'encre.

45 — **Huquier.** Catalogue de tableaux à l'huile, à gouasse (*sic*) et au pastel, peintures de la Chine, enluminures; dessins précieux et estampes choisies... objets curieux et livres, de feu M. Huquier, graveur. Le 9 novembre 1772 et jours suivants, par F.-C. Joullain fils. In-12, cart. Bradel.

Prix d'adjudication à l'encre.

46 — **Lambert** (Le Chevalier) **et M. Du**... Catalogue de tableaux capitaux et d'objets rares et curieux... le tout provenant des cabinets de M. le Chevalier Lambert et de M. Du..., par J.-B. Le Brun, 1787. In-8, demi-rel., dos et coins de mar. violet, tête dor.

Prix et noms des acquéreurs à l'encre.

47 — **Le Bœuf.** Catalogue raisonné d'une très belle collection de tableaux des écoles d'Italie, de Flandre, de

Hollande et de France; pastels, miniatures, etc., provenant du cabinet de M*** (Le Bœuf), par J.-B.-P. Le Brun, peintre. Mardi 8 avril 1783 et jours suivants. In-8, cartonné.

Prix et noms des acquéreurs à l'encre.

48 — **Le Brun** (J.-B.-P.). Vente d'une collection de tableaux capitaux et du plus beau choix des trois écoles, statues de marbre, bronzes... et autres objets, provenant de voyages faits tant en Italie qu'en Flandre..., par J.-B.-P. Le Brun. 15 avril 1811 et jours suivants. Pet. in-8, demi-rel., dos et coins de mar. vert clair, tête dor.

Prix d'adjudication à l'encre.

49 — **Le Brun**. Catalogue d'une nombreuse collection de tableaux des trois écoles, dessins, bronzes.... par M. Roux. (Vente après décès de Le Brun.) 27 décembre 1814 et jours suivants. In-8, demi-rel., mar. rouge.

Prix d'adjudication à l'encre et au crayon.

50 — **Lehon** (Comtesse). Catalogue de précieux tableaux, dessins et aquarelles des écoles italienne, flamande, hollandaise et française et de très belles tabatières et bonbonnières..... composant la belle collection de Mme la comtesse Lehon. Pour cause d'expropriation... 2 et 3 avril 1861. MM. Mannheim, F. Laneuville, experts, in-8, demi-rel., dos et coins de mar. rouge pourpre.

Prix et noms à l'encre aux tableaux et dessins.

51 — **Le Lorrain**. Catalogue d'une collection de tableaux et de dessins, etc., du cabinet de M. Le Lorrain,

peintre du Roi et de l'Impératrice de Russie. 20 mars et jours suivants 1758. In-8, cartonné.

Prix et plusieurs noms des acquéreurs à l'encre. Exemplaire de Mariette.

52 — **Lempereur**. Catalogue d'une riche collection de tableaux, de peintures à gouazze (*sic*), etc..., du cabinet de M*** (Lempereur). Le lundi 24 mai 1773 et jours suivants. Pet. in-8, veau fauve, tr. dor.

Prix et noms des acquéreurs à l'encre.

53 — **Mariette**. Catalogue raisonné des différents objets de curiosités dans les sciences et arts, qui composaient le cabinet de feu M. Mariette, contrôleur général de la grande Chancellerie de France, honoraire amateur de l'Académie royale de peinture, et de celle de Florence, par F. Basan, graveur. *Paris, chez l'auteur et chez G. Desprez*, 1775. In-8, titre par Moreau (remonté), front. par Cochin, gr. par Choffard, et planches, veau, marbre ant.

54 — **Menars** (De). Catalogue des différents objets de curiosités dans les sciences et arts, qui composent le cabinet de feu M. le marquis de Menars......, par F. Basan et F.-Ch. Joullain. Février 1782. In-8, front. et planches, demi-rel., dos et coins de mar. bleu

Prix et noms des acquéreurs à l'encre.

55 — **Nogaret** (De). Catalogue d'une belle collection de tableaux des écoles d'Italie, de Flandre, de Hollande et de France, dessins..., provenant du cabinet de M*** (de Nogaret), par J.-B.-P. Le Brun, peintre. Lundi 18 mars 1782 et jours suivants. In-8, demi-rel., mar. pourpre.

Prix et noms des acquéreurs à l'encre.

56 — **Pompadour** (Marquise de). Catalogue des tableaux originaux de différents maîtres, miniatures, dessins et estampes de feue Mme la marquise de Pompadour. Lundi 28 avril 1766. In-12, demi-rel., dos et coins de mar. rouge.

Prix d'adjudication à l'encre.

57 — **Pontchartrain** (De). Catalogue des tableaux, des bustes et autres ouvrages de sculpteurs en marbre, et des bronzes, du cabinet de M. le comte de Pontchartrain, 1747. In-8, dem.-rel., dos et coins de mar. vert.

Prix d'adjudication à l'encre.

58 — **Poullain**. Catalogue raisonné des tableaux, dessins, etc..., qui composaient le cabinet de feu M. Poullain... suivi d'un Abrégé historique..., par J.-B.-P. Le Brun. Mercredi 15 mars 1780 et jours suivants. In-8, front, mar. brun, tr. dor.

Prix et noms des acquéreurs à l'encre.

59 — **Preuil** (Du). Catalogue d'une collection de tableaux du plus beau choix des trois écoles, provenant du cabinet de M. D.-P... (du Preuil). Lundi 25 novembre 1811. In-8, dem-rel., dos et coins de mar. bleu.

Prix et noms des acquéreurs à l'encre et au crayon.

60 — **Quentin de Lorangère**. Catalogue raisonné des diverses curiosités du cabinet de feu M. Quentin de Lorangère. (A la fin :) Table alphabétique des noms des peintres, avec quelques courtes notices, par E.-F. Gersaint. 1744. In-12, front. par Cochin, veau fauve.

Prix d'adjudication à l'encre.

61 — **Randon de Boisset**. Catalogue des livres et des tableaux du cabinet de feu M. Randon de Boisset. *Paris*, 1777, 2 vol. in-12, mar. rouge, fil., tr. dor. (*Armoiries*.)

Bel exemplaire. Le Catalogue des livres est par De Bure, celui des curiosités par Remy. Les prix sont marqués à l'encre rouge.

62 — **Richelieu** (Duc de). Catalogue de tableaux, portraits, miniatures, gouaches, estampes, bustes, porcelaines, etc., qui composaient le cabinet de feu M. le duc de Richelieu. Jeudi 18 décembre 1788. Pet. in-8, dem.-rel., mar. rouge.

63 — **Robit**. Catalogue d'une riche collection de tableaux des plus grands maîtres des trois écoles..., terres cuites, figures et bustes de marbre antiques et modernes..., figures et groupes en bronze, etc., etc. Le tout provenant du célèbre cabinet du citoyen Robit, rédigé par A. Paillet et H. Delaroche. Lundi 21 mai 1801 et jours suivants. In-12, cart. Bradel.

Prix et noms des acquéreurs à l'encre.

64 — **Vence** (De). Catalogue des livres, tableaux, dessins et estampes de feu M. le comte de Vence, lieutenant-général des armées du Roy, etc. — Livres. Juillet 1760. — Catalogue raisonné des tableaux, dessins, estampes et autres effets curieux du cabinet de feu M. le comte de Vence. Novembre 1760. In-8, portrait, veau fauve, tr. dor.

Prix et noms des acquéreurs à l'encre pour le Catalogue des tableaux, etc.

65 — **Villette** (Marquis de). Catalogue de tableaux de différents bons maîtres des trois écoles, de figures,

bustes, estampes, après le décès de M. le Marquis de Villette père, par Pierre Remy, 1766. In-12, front. gr., demi-rel., dos et coins de mar. rouge.

Prix d'adjudication à l'encre.

---

66 — **Catalogues** de ventes de tableaux et objets d'art. Environ 15 vol. gr. in-8 et in-4, eaux-fortes, br., couv.

Collections : Wilson. — J. Bosch. — Marquis de la Rocheb... — Viot. — Mailland. — Mahérault. — Etc.

67 — **Catalogues** de ventes de tableaux et objets d'art. Environ 220 vol. gr. in-8 et in-4, héliogravures et phototypies, br., couv.

Collections : Defoer. — D'Yvon. — E. Gaillard. — Ch. Mannheim. — Bardini. — De Montgermont. — D. Schevitch. De Bryas. — Beurdeley. — Cottier. — Salverte. — Stein. — Seillière. — Paul Bérard. — Chappey, 4 vol. — Frits Thaulow. — George Viau. — Denain. — Marmontel. — Chennevières. — Vollon. — A. Houssaye. — Bonnaffé. — Lizé. — Lacroix. — Philippe George. — Crignon de Montigny. — Schwiter. — Eugène Féral. — E. Boudin. — Pasquier. — G. Courbet. — Blanquet de Fulde. — De Hèle. — Feydeau. — Ch. de Bériot. — Etc., etc.

68 — **Catalogues** de ventes étrangères de tableaux et objets d'art. Environ 80 vol. gr. in-8 et in-4, héliogravures et phototypies, cart. et br.

Collections : Bourgeois frères, 6 vol. — Schubart. — Schuldt. — Etc., etc.

69 — **Cham.** Punch à Paris, par Cham, Revue drôlatique du mois (de l'origine février à juin 1850). *Paris, bureaux*

rue du Croissant. In-4 à deux col., nomb. illustrations, demi-rel., dos et coins de vélin blanc, tête rouge, non rog.

Collection complète avec les couvertures des six numéros.

70 — **Clausse** (Gustave). Les San Gallo, architectes, peintres, sculpteurs, médailleurs, xve et xvie siècles. *Paris, E. Leroux*, 1900-1902. 3 vol. gr. in-8, portr., fig. dans le texte et hors texte, br., couv.

71 — **Collection** des Livrets des Anciennes Expositions, depuis 1673 jusqu'en 1800. *Paris, Liepmanssohn et Dufour*, 1869-1872. 42 livrets rel. en 7 vol. in-12, demi-rel. mar. rouge jans., tête dor., non rog., couv. (*Belz-Niédrée.*)

L'un des 375 exemplaires tirés sur papier vergé.

On y joint : 1° Livrets des Expositions de l'Académie de Saint-Luc à Paris, pendant les années 1751, 1752, 1753, 1756, 1762, 1764 et 1774. Avec une notice bibliographique et une table (par J.-J. Guiffrey). — 2° Notes et Documents inédits sur les Expositions du xviii° siècle, recueillis et mis en ordre par J.-J. Guiffrey. — 3° Table générale des Artistes ayant exposé aux Salons du xviii° siècle, suivie d'une table de la bibliographie des Salons de 1801 à 1873, par J.-J. Guiffrey. — 4° Livret de l'Exposition du Colisée (1776), suivie de l'analyse de l'Exposition ouverte à l'Élisée en 1797, etc., avec une table des Artistes qui prirent part à ces deux Expositions. (Complément des livrets de l'Académie Royale et de l'Académie de Saint-Luc (par Jules Guiffrey. *Paris, Baur et Detaille*, 1863-1875. Ens. 4 vol. in-12, pap. vergé, même reliure.

Cinq lettres autographes de M. J.-J. Guiffrey ajoutées.

Cachet de la Bibliothèque de Jos. Benoit Willems, sur les titres des 11 volumes.

72 — **Constable** (Memoirs of the life of John). Composed chiefly of his letters, by C. R. Leslie. Second edition. *London, Longman, Brown, and Longmans*, 1845. Pet. in-4 carré, portr. et fig., demi-rel., dos et coins de chag. vert, dos orné, tête dor., non rog.

73 — **Courier** (P.-L.). Œuvres complètes. *Paris, Didot*, 1855. Gr. in-8, demi-rel., dos et coins vél. blanc, tr. rouges.

Exemplaire auquel on a ajouté une lettre autographe de P.-L. Courier, adressée de Rome à MM. Landi et Molin, libraires à Florence, et la minute autographe d'une lettre à un ami. 1809. 1 p. in-4.

74 — **Delacroix** (Eugène). Journal de Eugène Delacroix, précédé d'une étude sur le maître, par Paul Flat, port. et fac-simile. *Paris, Plon*, 1893. 3 vol. in-8, demi-rel., dos et coins de vél. blanc, têtes rouges, non rog.

Exemplaire auquel on a ajouté une très belle lettre autographe signée d'Eugène Delacroix, à M. Hyp. Poterlet. 3 p. in-4, cachet.

75 — **Dilke** (Lady). French Painters of the xvIIIth Century, by Lady Dilke. *London, G. Belle and Sons*, 1899. Gr. in-8, avec nombr. planches hors texte, cart. toile, tête dor., non rog.

76 — **Dorat**. Les Baisers, précédés du mois de mai, poëme. *La Haye et Paris, Lambert et Delalain*, 1770. In-8, fig., demi-rel., veau vert.

Un frontispice par Eisen, gravé par Ponce, une figure par Eisen, gravée par de Longueil, vingt-trois vignettes, un fleuron sur le titre et vingt-deux culs-de-lampe par Eisen et Marillier, qui a fait deux culs-de-lampe.

Cachet sur le titre, de la Bibliothèque de Jos.-Benoit Willems.

77 — **Du Boccage de Bléville** (M.-J.). Mémoires sur le port, la navigation et le commerce du Havre-de-Grâce, et sur quelques singularités de l'Histoire naturelle des environs, par M. *** (M.-J. du Bocage de Bléville). *Au Havre-de-Grâce, chez P. J.-D.-G.*

Faure, 1753. 2 part. en 1 vol. in-12, mar. rouge, dos orné, fil., ornem. aux angles, tr. dor. (*Rel. anc.*)

78 — **Essai** d'un catalogue de l'œuvre d'Etienne de La Belle, peintre et graveur florentin, par Ch.-Ant. Jombert. *A Paris*, 1772. In-8, demi-rel., dos et coins de bas. ant.

79 — **Essai** d'un tableau historique des peintres de l'école française, depuis Jean Cousin, en 1500, jusqu'en 1783 inclusivement, avec le Catalogue des ouvrages des mêmes maitres qui sont offerts à présent à l'émulation et aux hommages du public dans le *Salon de la Correspondance* sous la direction et par les soins de M. de la Blancherie. *Paris*, 1783. Plaq. in-4, cart.

80 — **Favre** (De). Les Quatre Heures de la Toilette des Dames, poëme érotique en quatre chants, dédié à Son Altesse Sérénissime Madame la princesse de Lamballe, etc., par M. de Favre, de la Société littéraire de Metz. *A Paris, et se vend à Genève, chez J.-E. Didier*, 1780. Gr. in-8, mar. bleu, dos orné, ornem. dor. et à froid sur les plats. (*Rel. fatiguée.*)

Un frontispice, une vignette, quatre figures et quatre culs-de-lampe par Leclerc, gravés par Arrivet, Halbou, Legrand, Leroy et Patas.

81 — **Gool** (Johan Van). De Nieuwe Schouburg der nederlantsche Kunstschilders en Schilderessen : Waer in de Levensen Kunstbedyven der tans levende en reets overleedene Schilders, die van Honbraken, noch eenig ander Schryver, zyn aengeteekend, verhaelt worden, door Johan Van Gool. *In'Sgravenhage*, 1750. 2 vol. in-8, fig. par A. Schouman, etc., grav. par J. Houbraken et autres, mar. rouge, dos ornés, fil., dent. et milieux dor., tr. dor. (*Rel. anc.*)

82 — **Hals** (Frans), by Gerald S. Davies, M. A. of Charterhouse. *London, G. Bell and Sons*, 1902. In-4, avec 57 planches hors texte, cart., dos de vélin blanc, plats toile, tête dor., non rog. (*Cart. de l'éditeur.*)

83 — **Hubbard.** Catalog of the Gardiner Greene Hubbard collection of Engravings, presentad to the library of congres by Mrs. Gardiner Greene Hubbard, compiled by Arthur Jeffrey Parsons. *Washington, Government printing office*, 1905. In-4, pap. vergé, portr. et planches hors texte, cart., dos de bas. fauve, non rog. (*Cart. de l'éditeur.*)

84 — **La Fontaine.** Contes. Dessins d'Ed. de Beaumont, gravés à l'eau-forte par Boilvin. 2 vol. — Fables. Dessins d'Emile Adan, gravés à l'eau-forte par Le Rat. 2 vol. *Paris, librairie des bibliophiles*, 1885. 4 vol. in-12, demi-rel. chag., dos ornés, couv.

85 — **Le Brun** (J.-B.-Pierre). Galerie des Peintres flamands, hollandais et allemands. Ouvrage enrichi de 201 planches gravées d'après les meilleurs tableaux de ces maîtres, par les plus habiles artistes de France, de Hollande et d'Allemagne, avec un texte explicatif... des notes instructives sur la vie de plusieurs peintres et une table alphabétique des noms des maîtres, par M. Le Brun, peintre. *A Paris, chez l'Auteur et chez Poignant*, 1792-1796. 3 vol. in-fol., demi-rel., dos et coins de veau brun, dos ornés, non rognés.

Exemplaire avec les figures avant la lettre.

86 — **Lettres** sur les peintures, sculptures et gravures de Messieurs de l'Académie royale, exposées au Salon du Louvre depuis 1767 jusqu'en 1779, commencées

par feu M. de Bachaumont. *A Londres, chez J. Adamson*, 1780. In-12, demi-rel., dos et coins de veau fauve.

87 — **Lorenz** (Otto). Catalogue général de la Librairie française, 1840-1865. 4 vol. — Table des matières. 2 vol. — Tome second du catalogue de 1866-1875. 1 vol. *Paris*, 1871-1880. 7 vol. gr. in-8. demi-rel. chagr. vert, tr. ébarbées.

88 — **Mander** (Carel Van). Le livre des Peintres de Carel Van Mander, Vie des Peintres flamands, hollandais et allemands (1604). Traduction, notes et commentaires, par Henri Hymans. *Paris, J. Rouam*, 1884-1885. 2 vol. in-4, nombr. illustrations dans le texte, demi-rel., dos et coins de chag. La Vallière foncé, dos ornés, non rog., couv.

Edition tirée à cinq cents exemplaires

89 — **Michel** (Émile). Les Maîtres du Paysage. Ouvrage contenant 170 reproductions dans le texte et 40 planches héliogravure. *Paris, Hachette et Cie*, 1906. Gr. in-8, br., couv.

Envoi autographe de l'auteur à M. Léon Gauchez.

90 — **Michel** (Émile). Rubens, sa vie, son œuvre et son temps. Ouvrage contenant 354 reproductions directes d'après les Œuvres du Maître. *Paris, Hachette et Cie*, 1900. — Rembrandt, sa vie, son œuvre et son temps. Ouvrage contenant 343 reproductions directes d'après les Œuvres du Maître. *Paris, Hachette et Cie*, 1893. — Ens. 2 vol. gr. in-8, demi-rel., dos et coins de mar., tête dor., non rog., couv.

Envoi et lettre autographes signés de l'auteur à M. Léon Gauchez.

91 — **Michel** (J.-F.-M.). Histoire de la vie de P.-P. Rubens, Chevalier et Seigneur de Steen, illustrée d'anecdoctes qui n'ont jamais paru au public, et de ses tableaux établis dans les Palais, Églises et Places publiques de l'Europe... Enrichie du portrait dudit Chevalier, gravé en taille-douce, d'après son dessin, exécuté à la plume, de sa propre main, à l'âge de 53 ans. *Bruxelles, De Bel*, 1771. In-8, portr., mar. rouge, dos orné, ornem. de feuillages et de fleurs dans un encadrement de fil. dor., tr. dor. (*Rel. anc.*).

92 — **Molinier** (Émile). Venise, ses Arts décoratifs, ses Musées et ses Collections. Ouvrage accompagné de 207 gravures dans le texte et de plusieurs eaux-fortes. *Paris, Librairie de l'Art*, 1889. In-4, dem.-rel., dos et coins de chag. noir, tête dor., non rog., couv.

L'un des 25 exemplaires tirés sur papier de Hollande. Cachet sur les faux titre et titre de la Bibliothèque de Jos.-Benoit Willems.

93 — **Müntz** (Eugène). Histoire de l'Art pendant la Renaissance (tome II : Italie, l'Age d'or). *Paris, Hachette et Cie*, 1891. Gr. in-8, titre r. et n., fig., br., couv. (*Brochure fatiguée.*)

94 — **Nolhac** (Pierre). La Création de Versailles, d'après les sources inédites. Étude sur les origines et les premières transformations du château et des jardins, par Pierre de Nolhac, conservateur du Musée national de Versailles. Ouvrage illustré de 110 documents contemporains, estampes, dessins et plans manuscrits du service des bâtiments du Roi. *Versailles, L. Bernard*, 1901. In-fol., dem.-rel., dos et coins de chag. rouge, tête dor., non rog., couv.

Exemplaire n° 6, imprimé spécialement pour M. Paul Leroi.

95 — **Notice** des tableaux recouvrés par cette ville sur les objets d'Art revenus de France, exposés au Musée. *A Anvers*, 1816. Plaq. in-8 de 28 pp., plus 12 ff. blancs reliés à la suite; demi-rel., veau f.

96 — **Patoux** (Abel). Francis Tattegrain. Notice biographique. *Saint-Quentin, Imprimerie générale*, 1902. In-4, fig., br., couv.

Tiré à cent exemplaires non mis dans le commerce.
Envoi autographe de l'auteur.
On y joint : Adolphe Lalauze, Notice biographique, par Abel Patoux. *Saint-Quentin*, 1894. In-8, eaux-fortes, cart., dos et coins de vél. blanc, non rog., couv. (Tiré à cinquante exemplaires non mis dans le commerce.)

97 — **Picardie historique et monumentale** (La). Abbeville. Notices par MM. Em. Delignières et H. Macqueron. *S. l. n. d.* In-4, figures dans le texte et planches hors texte, cart., dos et coins de vél. blanc, dos orné, tête rouge, planches mont. sur onglets.

Envoi autographe de Em. Delignières à M. Paul Leroi, rédacteur en chef de la Revue « L'Art ».

98 — **Recueil** de petits sujets et culs-de-lampe utiles aux artistes. *Paris, Chereau, rue Saint-Jacques, Aux Deux Piliers-d'Or, s. d.* (*vers* 1770). In-8, cart.

Titre compris dans un encadrement et quatre-vingt-douze sujets, par Eisen, Cochin, Marillier, etc., sur quarante-deux feuilles.

99 — **Répertoire** de tableaux, dessins et estampes, ouvrage utile aux amateurs. (Première partie.) *A Paris, chez Demonville, Musier, Joulhain*, 1783. In-12, cart.

100 — **Restout**. Galerie françoise, ou Portraits des Hommes et des Femmes célèbres qui ont paru en

France, gravés en taille-douce par les meilleurs artistes, sous la conduite de M. Restout, peintre ordinaire du Roi..., avec un abrégé de leur vie, par une société de gens de lettre. *Paris, Hérissant le fils*, 1771-1772. 2 tom. en 1 vol. in-fol., portraits, veau racine, dos orné. (*Rel. anc.*)

Quarante portraits peints ou dessinés par Aved, P. de Champagne, C.-N. Cochin, Duplessis, La Tour, Lépicié, Monnet, C. Restout, Restout fils, Vanloo, Vigée, etc., etc., gravés par Benoist, Cathelin, Delvaux, Halbon, Ingouf, Moitte, Romanet, Tilliard, etc., etc.

101 — **Revue de l'Art ancien et moderne** (La), publiée sous la direction de Jules Comte. *Paris*, janvier 1898 à juin 1907. Gr. in-4, eaux-fortes et figures sur bois, en livraisons.

Exemplaire tiré sur papier de Chine. L'Année 1898 est en demi-rel., dos et coins de maroq. rouge, tête dor., n. rog.

Manque : les nos 91 et 103, les titres et tables pour l'année 1901 et les couvertures pour les années 1902, 1903, 1904 (1er semestre), 1905 (1er semestre), 1907 (1er semestre).

102 — **Reymond** (Marcel). La Sculpture florentine. *Florence, Alinari*, 1897-1900. 4 vol., in-4, fig., cart. de l'édit.

103 — **Roberts** (W.). Memorial of Christie's a record of art sales, from 1766 to 1896. *London, G. Bell and Sons*, 1897. 2 vol. gr. in-8, fig. dans le texte et nombr. planches hors texte, cart. toile, tête dor., non rog. (*Cart. de l'éditeur.*)

104 — **Russell, R. A.** (John). By George C. Williamson, D. Lit. With an Introduction by lord Ronald Gower, F. S. A. *London, G. Bell et Sons*, 1894. In-4, nombr. illustrations dans le texte et planches hors texte, cart. toile, tête dor., non rog. (*Cart. de l'éditeur.*)

105 — **Sand** (George). Cosima, ou la Haine dans l'amour, drame en cinq actes, précédé d'un prologue. *Paris, Félix Bonnaire*, 1840. In-8, cart., n rog.

Édition originale, avec la couverture.
Exemplaire auquel on a ajouté une superbe lettre autographe signée de George Sand au peintre Paul Huet, 3 p. in-8, cachet.

106 — **Smith** (John). A. Catalogue raisonné of the works of the most eminent dutch, flemish and french painters, with biographical notices of the artists, a copious description of their principal pictures, a statement of the price at which such pictures have been sold, and the galeries und privat collections in which the are at présent. *London Smith and Son*, 1829-1842. 9 vol. gr. in-8, portr., demi-rel. dos et coins de mar. vert jans., tête dor., non rog. (*Belz-Niédrée.*)

Très rare.

107 — **Société Internationale Chalcographique.** (Années 1886 à 1892 inclus.) 7 fasc. in-fol., planches en feuilles dans des cartons.

Année 1886, 17 planches.
Année 1887, 17 planches.
Année 1888, 20 planches.
Année 1889, 13 planches.
Année 1890, 17 planches.
Année 1891, 16 planches.
Année 1892, 14 planches.

108 — **Société Internationale Chalcographique 1893** et **1894**. Le Maître du cabinet d'Amsterdam, par Max Lhers. In-fol., fig., cart. toile, feuillets mont. sur onglets.

Quatre-vingt-neuf sujets collés sur soixante-sept feuillets de papier fort.

109 — **Société Internationale Chalcographique 1894.** Les gravures sur bois du Maître I. B. à l'Oiseau. In-fol. de 11 planches, dans un carton.

110 — **Waagen** (Dr.) Treasures of art in Great Britain: being an account of the chief collections of Paintings, Drawings, Sculptures, Illuminated Mss., etc., etc. *London, J. Murray*, 1854-57. 4 vol. in-8, y compris le Supplément, cart. toile, non rog. (*Cart. de l'éditeur.*)

111 — **Wallace.** La Collection Wallace. Meubles et objets d'art français des XVIIe et XVIIIe siècles, par Émile Molinier. *Paris, E. Lévy, s. d.* 2 vol. gr. in-4, avec 100 planches hors texte en noir et en couleurs, cart. dos et coins de toile blanche, plats papiers japonais, tr. rouges, texte et planches mont. sur onglets.

112 à 150 — Sous ces numéros, il sera vendu séparément et par lots environ 2,000 volumes ou brochures sur les Beaux-Arts. — Catalogues de Musées. — Expositions. — Littérature. — Journaux illustrés. — Revues, etc., etc.

www.ingramcontent.com/pod-product-compliance
Ingram Content Group UK Ltd.
Pitfield, Milton Keynes, MK11 3LW, UK
UKHW032028260826
14628UKWH00006B/2795

9 782329 533056